yukismart.com/b/6e4476

kat

แมว

maeo

hond

สุนัข

sunak

vis

ปลา

pla

vogel

นก

nok

kip
แม่ไก่
mae kai

haan
ไก่ตัวผู้
kaituaphu

kuiken
ลูกไก่
lukkai

ei
ไข่
khai

koe

วัว

wua

schaap

แกะ

kae

varken

หมู

mu

geit

แพะ

phae

paard

ม้า

ma

ezel

ลา

la

muis

หนู

nu

konijn

กระต่าย

kratai

kalkoen
ไก่งวง
kainguang

gans
ห่าน
han

pauw
นกยูง
nokyung

eend

เป็ด

pet

eendje

ลูกเป็ด

luk pet

zwaan

หงส์

hong

libel
แมลงปอ
malaengpo

vlieg
แมลงวัน
malaengwan

mier
มด
mot

miereneter
ตัวกินมด
tuakinmot

lieveheersbeestje

แมลงเต่าทอง

malaengtaothong

aardworm

ไส้เดือน

saiduean

naaktslak

ทาก

thak

rups
หนอนผีเสื้อ

nonphisuea

slak
หอยทาก

hoithak

vlinder
ผีเสื้อ

phisuea

sprinkhaan
ตั๊กแตน

takkataen

bij

ผึ้ง

phueng

honing

น้ำผึ้ง

namphueng

spin

แมงมุม

maengmum

gras

หญ้า

ya

kever

ด้วง

duang

mug

ยุง

yung

schorpioen

แมงปอง

maengpong

hagedis

กิ๊งก่า

kingka

schildpad
เต่า
tao

krab
ปู
pu

garnaal
กุ้ง
kung

kreeft
กุ้งมังกร
kungmangkon

walvis

วาฬ

wan

haai

ปลาฉลาม

plachalam

pijlstaartrog

ปลากระเบน

plakraben

dolfijn

โลมา

loma

zee-egel

เม่นทะเล

menthale

kwal

แมงกะพรุน

maengkaphrun

inktvis

ปลาหมึก

plamuek

zeester
ปลาดาว
pladao

zeemeeuw
นกนางนวล
noknangnuan

zee
ทะเล
thale

pelikaan
นกกระทุง
nokkrathung

aalscholver
นกอ้ายงัว
nok-aingua

schelpen

เปลือกหอย

plueakhoi

zand

ทราย

sai

olifant

ช้าง

chang

zebra

ม้าลาย

malai

giraffe

ยีราฟ

yirap

slang

งู

ngu

krokodil

จระเข้

chorakhe

leeuw

สิงโต

singto

tijger

เสือ

suea

nijlpaard

ฮิปโปโปเตมัส

hippopotemat

neushoorn

แรด

raet

jachtluipaard

เสือชีตาห์

sueachita

kameel

อูฐ

ut

antilope

ละมัง

lamang

flamingo

นกฟลามิงโก้

nok fla ming ko

struisvogel

นกกระจอกเทศ

nokkrachokthet

ooievaar

นกกระสา

nokkrasa

papegaai
นกแก้ว
nokkaeo

gorilla
กอริลลา
korinla

aap
ลิง
ling

koala
โคอาล่า
kho-a la

panda
หมีแพนด้า
miphaenda

kangoeroe
จิงโจ้
chingcho

egel
เม่น
men

eekhoorn
กระรอก
krarok

wolf
หมาป่า
mapa

vos
สุนัขจิ้งจอก
sunakchingchok

wasbeer

แรคคูน

rae

beer

หมี

mi

hert

กวาง

kwang

adelaar

นกอินทรี

nok-insi

vleermuis

ค้างคาว

khangkhao

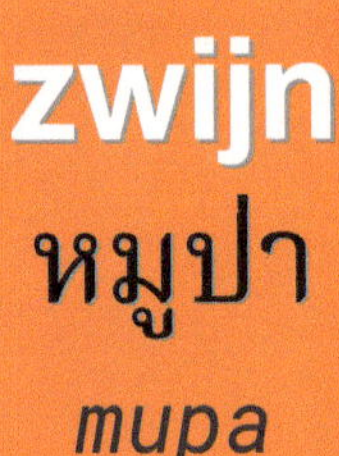

zwijn

หมูป่า

mupa

kraai

อีกา

ika

uil

นกฮูก

nokhuk

specht
นกหัวขวาน

nokhuakhwan

bunzing
พังพอนเหม็น

phangphon men

mol
ตุ่น

tun

bever
บีเวอร์

bi woe

ijsbeer
หมีขั้วโลก
mikhualok

sneeuw
หิมะ
hima

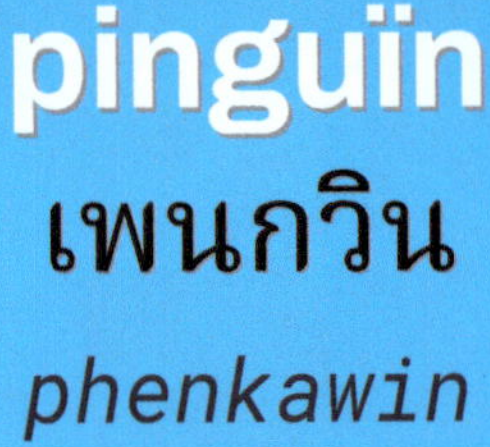

pinguïn
เพนกวิน
phenkawin

sneeuwuil
นกเค้าแมวหิมะ
nokkhaomaeo hima

bos

ป่า

pa

berg

ภูเขา

phukhao

narwal

วาฬนาร์วาล

wan na wan

orka

วาฬเพชฌฆาต

wanphetchakhat

walrus

วอลรัส

wonrat

zeehond

แมวน้ำ

maeonam

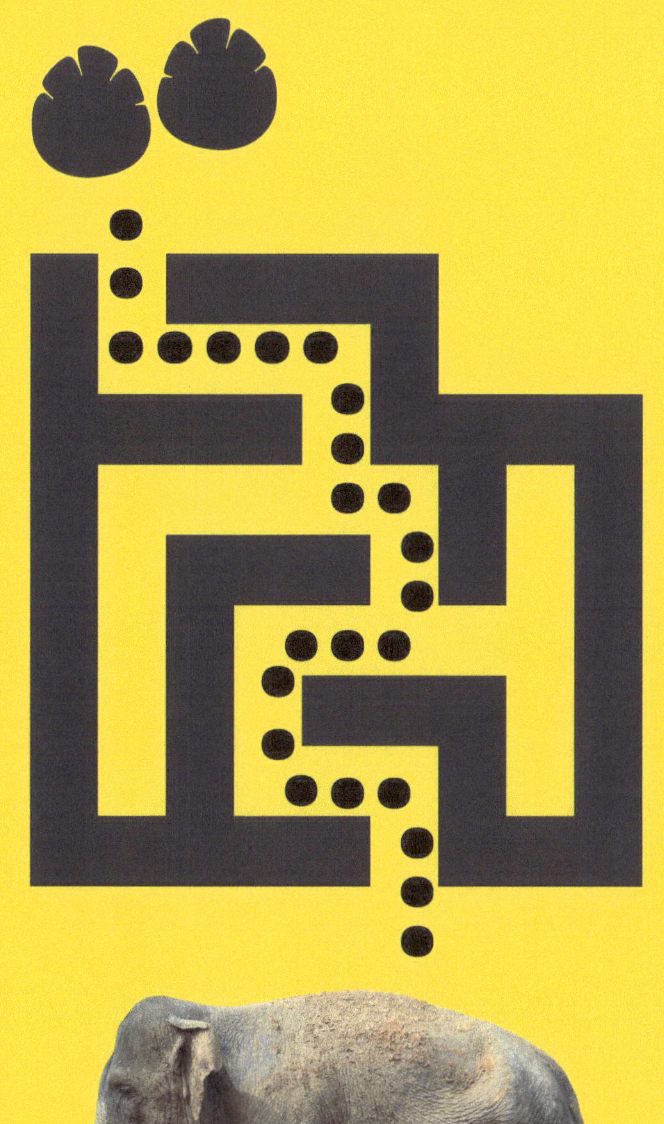

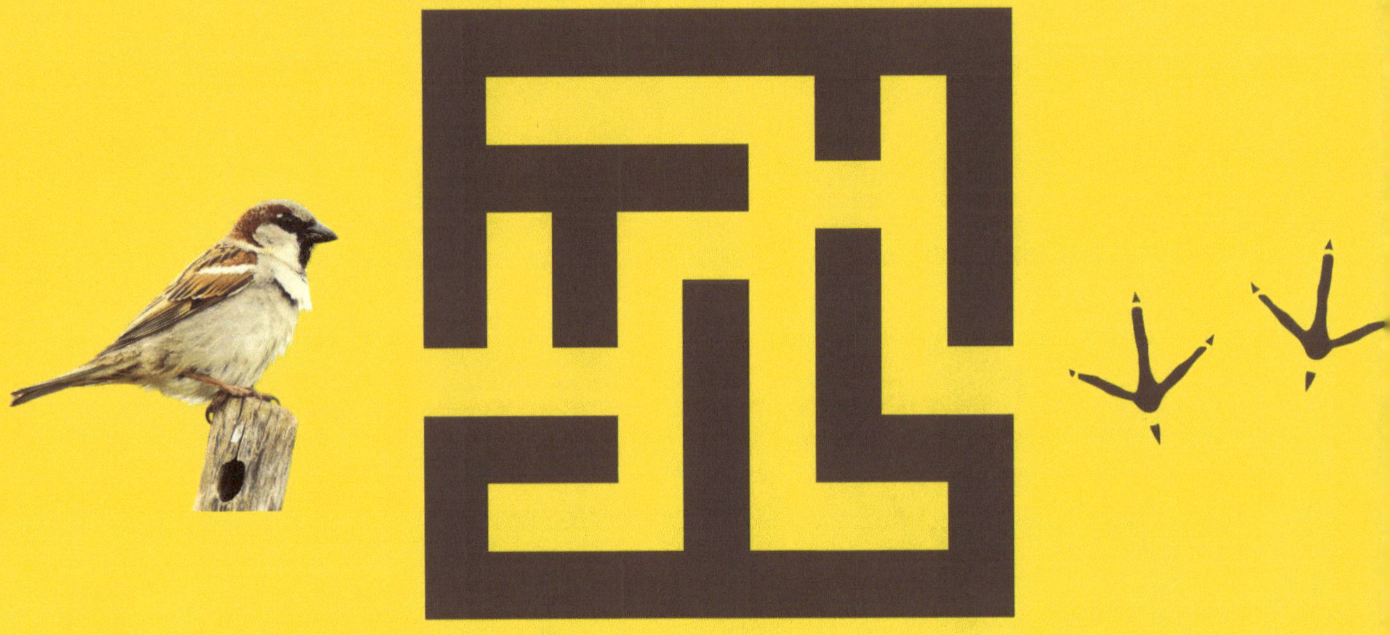